Dieses Buch gehört

....

....

....

Riesige Tiere
und erste Menschen

Babette Pribbenow

Hallo! Ich heiße Albi und bin ein stolzer Meeresvogel.
Wir Albatrosse sind schon sehr lang als Weltenbummler unterwegs.
Dank meiner großen Flügel kann ich stundenlang segeln. In der Luft kann ich sogar schlafen! Heute möchte ich dich auf eine Weltreise mitnehmen. Wir werden durch die Zeit reisen und viele Kontinente besuchen.

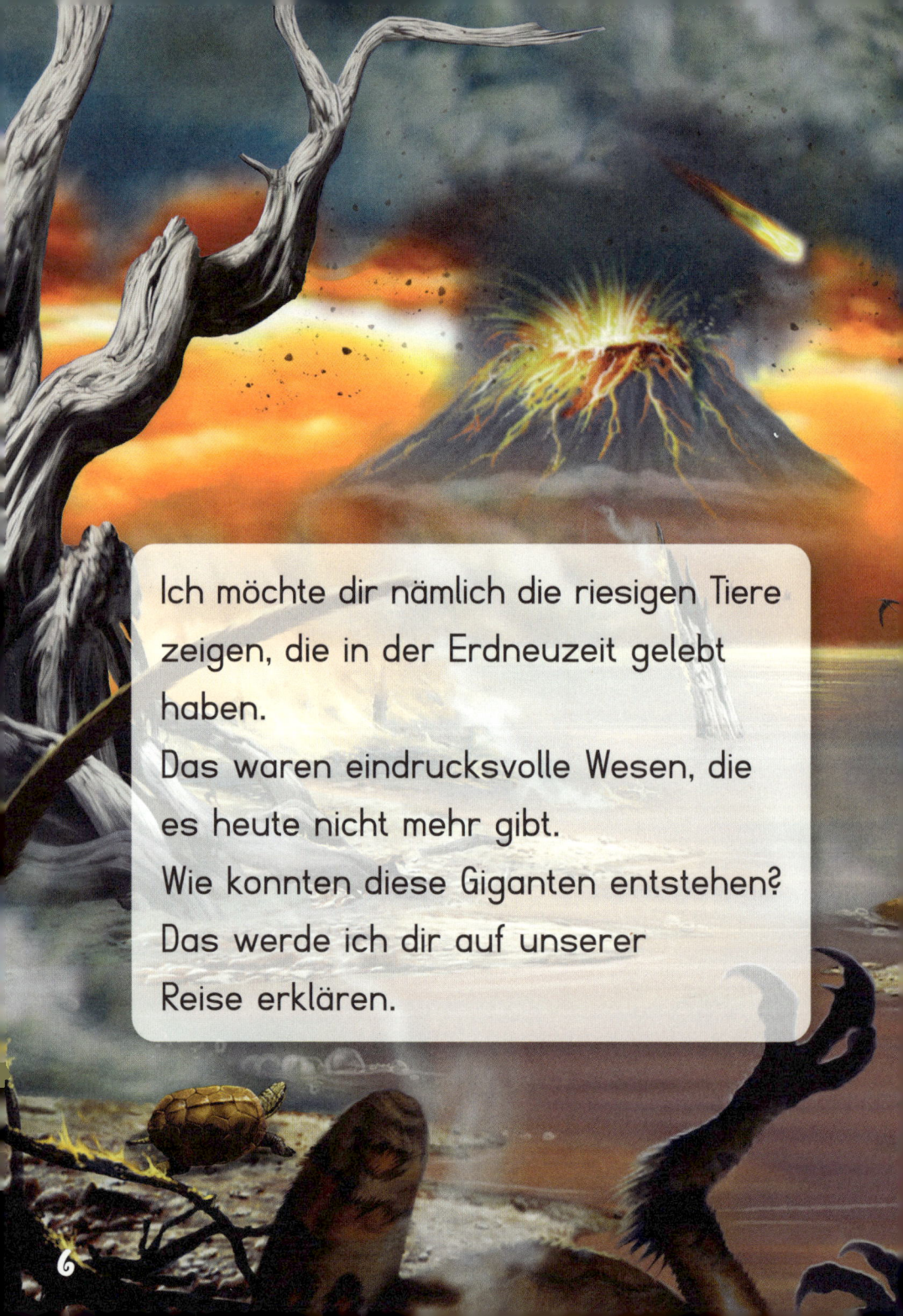

Ich möchte dir nämlich die riesigen Tiere zeigen, die in der Erdneuzeit gelebt haben.
Das waren eindrucksvolle Wesen, die es heute nicht mehr gibt.
Wie konnten diese Giganten entstehen? Das werde ich dir auf unserer Reise erklären.

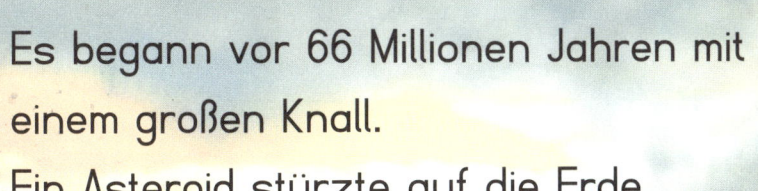

Es begann vor 66 Millionen Jahren mit einem großen Knall.
Ein Asteroid stürzte auf die Erde.
Daraufhin änderte sich das Klima auf der ganzen Welt und die Dinosaurier starben aus.
Aber viele kleine Säugetiere überlebten und breiteten sich aus.

Säugetiere sind eine Tiergruppe.
Alle haben ein Fell, eine Wirbelsäule und bringen lebende Kinder zur Welt, die sie säugen.

Paläozän | **Eozän** | Oligozän | Miozän | Pliozän | Pleistozän | Holozän | Heute

Schaut nur, wie schön es hier ist! Unsere Reise beginnt in Deutschland vor ungefähr 50 Millionen Jahren im Eozän, dem Zeitalter der Morgenröte.
Ganz Europa ist ein tropischer Regenwald. Die Dinosaurier gibt es nicht mehr.
Nun ist Platz für die kleineren Säugetiere. Sie können nun auch tagsüber aktiv sein, ohne Angst zu haben, von den Dinos verspeist zu werden.

Ach du Schreck! Die Riesenameisen wollen das kleine Fohlen fressen! Ich muss schnell die Mutter warnen. Das sind übrigens die ersten Pferde. Sie sind noch ganz klein, nicht größer als eine Katze.

Dagegen sind die Ameisen riesig.
Nun habe ich einen lauten Schrei
ausgestoßen.
Endlich hat die Mutter die Gefahr
erkannt und flieht mit ihrem Kind.
Ein Glück! Da bin ich gerade
noch rechtzeitig gekommen.

Darf ich euch meinen Verwandten
vorstellen?
Das ist *Gastornis*, ein Riesenlaufvogel.
Fliegen kann er nicht, dafür ist er
so hoch wie ein Kleiderschrank!

Und klar, er sieht echt gefährlich aus. Lange dachte man, dass er ein Raubtier ist. Aber er frisst wahrscheinlich nur Pflanzen.
Gastornis und ich sind übrigens direkte Nachfahren der Dinos. Also hat doch noch etwas von ihnen überlebt.

Und das ist Ida, ist sie nicht süß?
Ida ist einer der ersten Affen auf der Welt.
Aus ihnen sind im Verlauf
der Erdneuzeit
die Menschenaffen
und später auch
die Menschen
entstanden.
Davon werde ich
euch noch erzählen.

Zu den Primaten gehören die Affen, die Menschenaffen und die Menschen. Primaten können Gegenstände richtig greifen. Das liegt an der Stellung des Daumens.

Das gibt's doch nicht!
Ich wollte gerade auf dem See landen,
da schnappt ein riesiges Krokodil nach mir!
Diese Biester werden länger als ein Auto.
Heute sehen Krokodile immer noch fast
genauso aus.

Male das Mammut bunt aus.

Mandala

Achtung Witz!

Wie nennt man ein weißes Mammut?

Hellmut!

Folge den Linien und finde das Lösungswort.

Hier wird es knifflig!

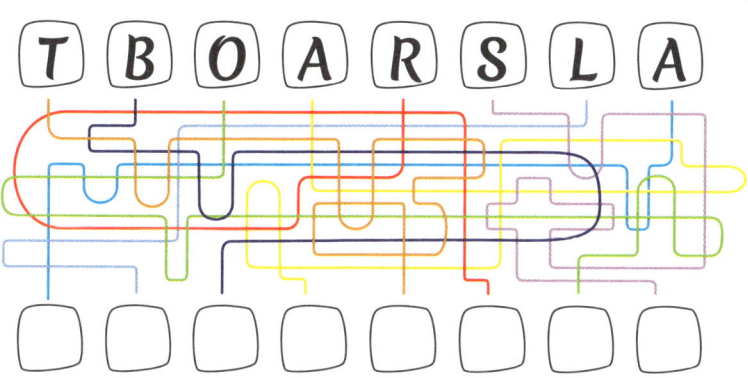

Welcher Schatten passt?

Lösung: Das gesuchte Wort lautet Albatros. Schatten Nummer fünf ist richtig.

SCHRECKEN DER MEERE!

Ich habe mich auf den Weg Richtung Afrika gemacht. Unter mir liegt das Tethysmeer. Wir sind am Ende des Eozäns angelangt und es ist kühler geworden.

Unter mir schwimmt ein riesiger Schatten: Ein *Basilosaurus*, der Schrecken der Meere!

| Paläozän | **Eozän** | Oligozän | Miozän | Pliozän | Pleistozän | Holozän | Heute |

Ein Drama spielt sich im Wasser ab. Der große Wal jagt das Junge eines kleineren *Dorudon*-Wals. Der Jäger hat Hunger und braucht Nahrung. Immer wieder schnappt er nach dem Kleinen. Oh weh, ich muss für die beiden einen Ausweg suchen!

Ich sehe eine schützende Bucht. Das Wasser dort ist zu flach für den *Basilosaurus*.
Ich fliege tief über dem Meer und zeige ihnen den Weg.
Geschafft! In letzter Sekunde erreichen sie die Bucht.

Das Tethysmeer gibt es nicht mehr. Heute liegt dort das Tal der Wale in Ägypten. Hier findet man viele Fossilien, zum Beispiel vom Basilosaurus und Dorudon.

Der *Basilosaurus* ist ein Urwal.
Er hat viele scharfe Zähne
und sein Körper ähnelt dem
einer Schlange.

Diese Wale können sehr kräftig zubeißen!
Auf ihrem Speiseplan stehen
andere Wale und Meerestiere.

ZIEMLICH TROCKEN HIER!

Puh, ist das staubig und kaum Bäume weit und breit! Ich habe dich in die Mongolei mitgenommen. Unter mir ist eine weite Landschaft, die Steppe. Es gibt nur wenig Grün und kaum Wasser. Wir sind am Ende des Oligozäns angekommen. Die ganze Welt hat sich verändert.

Wow, schaut euch diese riesigen Tiere mit den kleinen Köpfen an!
Für die Steppe braucht man lange Beine, um weite Strecken zurücklegen zu können.
Die Tiere werden nun immer größer. Kein Wald behindert mehr die Entwicklung des Größenwachstums.

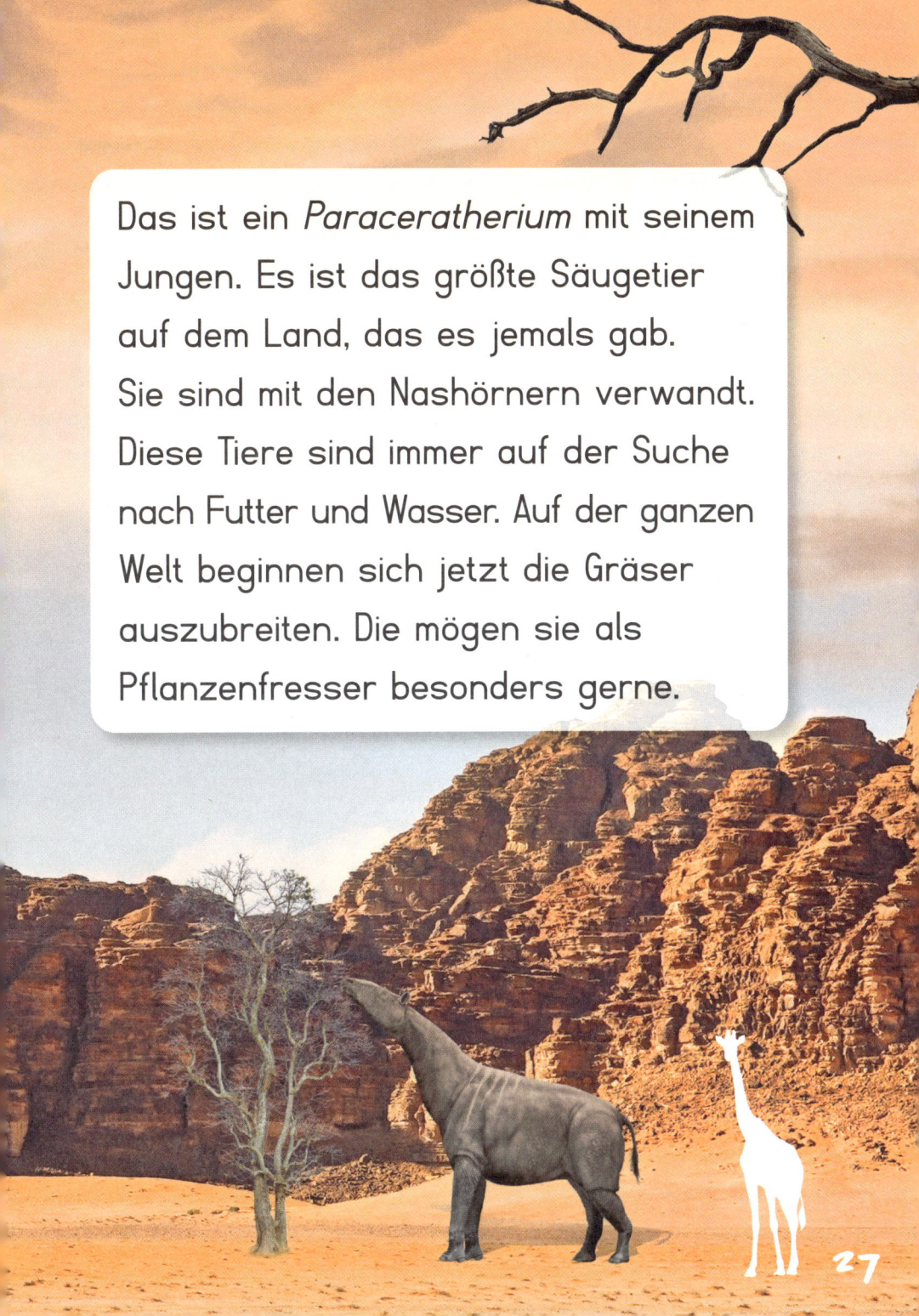

Das ist ein *Paraceratherium* mit seinem Jungen. Es ist das größte Säugetier auf dem Land, das es jemals gab. Sie sind mit den Nashörnern verwandt. Diese Tiere sind immer auf der Suche nach Futter und Wasser. Auf der ganzen Welt beginnen sich jetzt die Gräser auszubreiten. Die mögen sie als Pflanzenfresser besonders gerne.

Ein Stück weiter verteidigt ein *Entelodon* sein Futter. Passt bloß auf, ihr *Hyaenodons*! Gegen den habt ihr keine Chance, nicht mal zu viert.

Dieses Riesenschwein kann sogar Knochen zerbeißen. Und es ist so groß und schwer wie ein Auto.

Aber die *Hyaenodons* versuchen es natürlich trotzdem. Eigentlich sind sie die gefährlichsten Raubtiere hier, und lassen sich nicht einschüchtern. Nichts wie weg hier, lass uns schnell weiterfliegen!

Stell dir vor, du bist Steinzeitmensch ...

Was wählst du?

Welches Haustier hättest du gern?

☐ Mammut ☐ Säbelzahntiger

☐ Krokodil ☐ _____

Wo möchtest du wohnen?

☐ Baumhaus ☐ Erdhöhle ☐ Felsspalte

☐ Fellzelt ☐ _____

Was wäre dein Lieblingsgericht?

☐ Dinosteak ☐ Basiloburger

☐ Farnsalat ☐ _____

Was wäre dein Lieblingsspiel?

☐ Steinpuzzle ☐ Baumstammmikado

☐ Lianentwist ☐ Mammutreiten

☐ _____

WIEGE DER MENSCHHEIT!

Und hier sind wir nun in Ostafrika. Es gibt weite Graslandschaften. Das Klima ist noch trockener und auch kälter geworden.

| Paläozän | Eozän | Oligozän | Miozän | **Pliozän** | Pleistozän | Holozän | Heute |

Wir haben das Pliozän erreicht, ungefähr drei Millionen Jahre vor unserer Zeit. Genau hier beginnt die Entwicklung der Menschheit!

Ups, hier ist ja was los! Ein Hauerelefant hat mächtig schlechte Laune und trompetet laut. Dabei ist er sonst ein friedliches Tier. Er frisst nur Pflanzen und ist sehr stark. Mit den nach unten gebogenen Hauern kann er sogar Bäume entwurzeln. Die Menschenaffen pflücken sich gerade ein paar Beeren. Der Hauerelefant jagt ihnen einen großen Schreck ein.

Die *Australopithecinen* flüchten auf
einen Baum, das ist sicherer so.
Und hier sind sie nun: deine Vorfahren!
Der *Australopithecus* ist ein Vormensch.
Über mehrere Stufen hat sich daraus
der heutige Mensch entwickelt.
Sie können bereits aufrecht
gehen, aber trotzdem noch
geschickt auf Bäume
klettern.
Wahrscheinlich benutzen
sie auch Werkzeuge.

Aber jetzt geht's
nach Südamerika!

WO KOMMT DIE DENN HER?

Schau dir das an!
Die Säbelzahnkatze *Smilodon* will ein paar kleine Terrorvögel verspeisen. Aber die Mutter hackt mit ihrem riesigen Schnabel nach *Smilodon*.

Sie wundert sich.
So ein Tier hat sie hier
noch nie gesehen.
Die Terrorvögel *Phorusrhacos*
waren lange die gefährlichsten
Räuber in Südamerika.
Wir sind jetzt im Pleistozän,
am Beginn der Eiszeit.

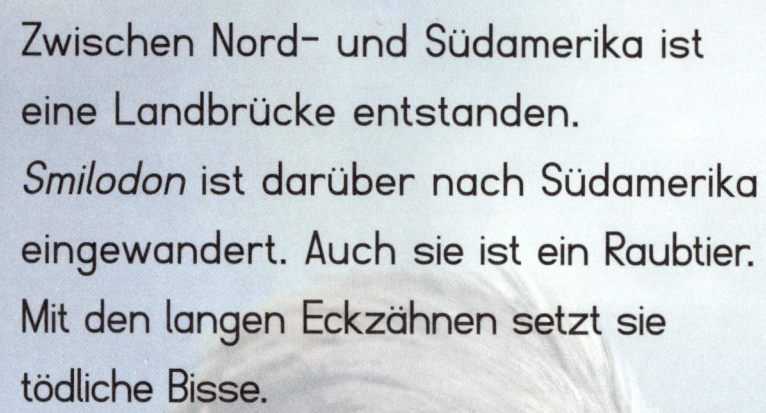

Zwischen Nord- und Südamerika ist eine Landbrücke entstanden. *Smilodon* ist darüber nach Südamerika eingewandert. Auch sie ist ein Raubtier. Mit den langen Eckzähnen setzt sie tödliche Bisse.

Aber der Terrorvogel tritt jetzt mit den kräftigen Hinterbeinen nach der Katze. Er kann auch richtig schnell rennen. Ich wette, dass *Smilodon* gleich das Weite sucht!

Verbinde die Frage mit dem richtigen Tier.

Wer ist das?

Kennst du die richtige Antwort? Falls nicht, kannst du sie in diesem Buch finden.

1) Wer kann mit seinen Zähnen Bäume entwurzeln?

ENTELODON

2) Wer kann Knochen zerbeißen?

SMILODON

3) Wer kann nicht fliegen, ist aber ein Vogel?

HAUERELEFANT

4) Wer wird Schrecken der Meere genannt?

ALBATROS

5) Wer hat lange Eckzähne?

GASTORNIS

6) Wer kann beim Fliegen schlafen?

BASILOSAURUS

Lösung: 1) Hauerelefant (S. 34), 2) Entelodon (S. 28), 3) Gastornis (S. 12), 4) Basilosaurus (S. 18), 5) Smilodon (S. 38), 6) Albatros (S. 5)

Labyrinth

Achtung! Der Smilodon liegt auf der Lauer!

> Finde den sicheren Weg zur Höhle.

Lösung: Der Pfad C ist sicher und führt in die Höhle.

ES BRENNT!

Ach, du Schreck – was für eine Hitze! In Australien lodern die Flammen. Wir sind noch im Pleistozän, wärmere und kältere Zeiten wechseln sich ab. Viele Waldflächen sind zu Busch- und Graslandschaften geworden.
Es gibt wenig Regen und es ist oft windig. Dieser ständige Wind heizt das Feuer so richtig an.

Die armen Tiere fliehen vor dem Feuer! Schau mal, das Kurzschnauzenkänguru rennt auch davon. Die damaligen Kängurus konnten noch nicht hüpfen.

Procoptodon ist aufgerichtet so hoch wie ein Zimmer und dreimal so schwer wie die Kängurus heute.
Der Riesenwaran *Megalania* würde es trotzdem angreifen. Aber heute ist auch er auf der Flucht.

Megalania ist der bedeutendste Jäger hier.
Dem gehen die Tiere besser aus dem Weg.
Er ist fast so lang wie ein Kleinbus und
unglaublich kräftig.
Vermutlich tötet er seine Opfer mit Gift.
Kein angenehmer Geselle!

In Australien gibt es viele Beuteltiere.
Es besteht keine Landverbindung zu den
anderen Kontinenten.
Deshalb konnten diese Tiere sich hier
ungestört entwickeln und ausbreiten.

> Beuteltiere bringen noch unfertige Babys auf die Welt. Sie behalten diese in ihrem Beutel, bis sie groß genug sind.

Der Riesenwombat ist auch ein Beuteltier.
Er ist gigantisch groß und muss ständig fressen, um zu überleben.
Bis zu 150 Kilogramm Pflanzen schafft *Diprotodon* am Tag.
Ein Glück bin ich nicht so ein Vielfraß!

JETZT WIRD'S KALT!

Brrr, ist das eisig hier! Gleich frieren mir die Flügel ein. Wir sind wie zu Beginn unserer Reise über Deutschland, diesmal ungefähr 30.000 Jahre vor unserer Zeit heute.

Paläozän | Eozän | Oligozän | Miozän | Pliozän | Pleistozän | **Holozän** | Heute

Jetzt ist hier die letzte Kaltzeit des Eiszeitalters.
Das bedeutet bitterkalte Winter und kurze Sommer.
Viele der Tiere ziehen am Ende des Sommers in wärmere Gebiete.
Das tun auch die Mammute.

Aber da! Sie haben einen Höhlenbären aufgeschreckt. Der geht wütend auf die Jäger los. Drohend erhebt er sich auf seine Hinterbeine. Ist der riesig! Mutig halten die Menschen ihm die Fackeln unter die Nase. Feuer macht ihm Angst, der Bär zieht ab!

Die jungen Mammute spielen miteinander. Ihre Stoßzähne sind aus Elfenbein. Sie haben sehr lange Haare, deshalb heißen sie Wollhaarmammut.

Alle Tiere hier brauchen ein dichtes, wärmendes Fell. Die Menschen fertigen sich warme Kleidung aus den Tierfellen an. Auch sie müssen sich an die Kälte anpassen. Sonst überlebt man in der Eiszeit nicht.

In Europa leben in dieser Zeit sogar Wollnashörner.
Die haben ein richtig kuschliges Fell.
Es sind schreckhafte Tiere.
Sie können schlecht sehen, dafür aber gut riechen.

Der riesige Höhlenbär ernährt sich nur von Pflanzen. Im eisigen Winter hält er Winterruhe in einer Höhle. Dafür muss er sich im Sommer eine Speckschicht anfuttern.

In der Winterruhe wachen die Tiere zwischendurch immer mal wieder auf. Beim Winterschlaf verschlafen sie tatsächlich den Winter.

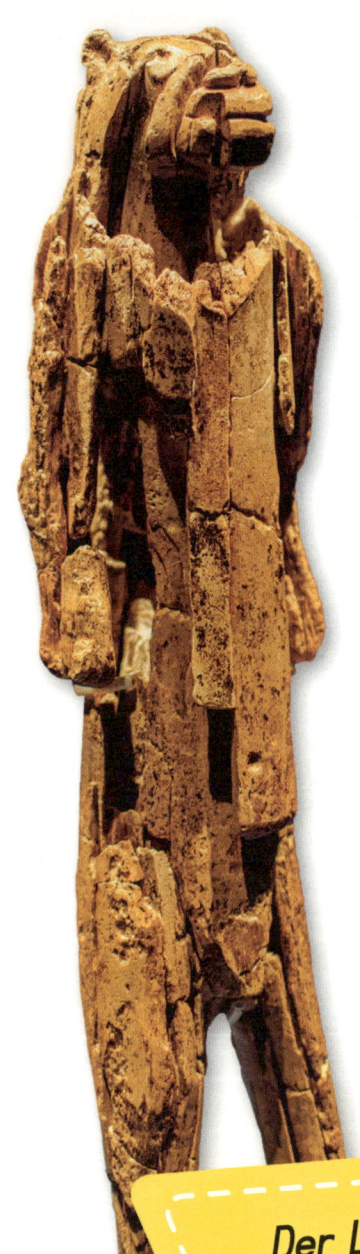

Die Jäger sind *Homo sapiens*, also moderne Menschen. Sie passen sich ihrer Umwelt sehr gut an. Aus Schutz vor der Kälte leben sie in Höhlen. Sie jagen vorwiegend Mammute, um das Fleisch zu essen. Aus den Knochen fertigen sie Waffen und Werkzeuge sowie aus den Sehnen Schnüre.

Der Löwenmensch ist die älteste bekannte Figur. Sie ist mindestens 35.000 Jahre alt und wurde im Lonetal gefunden.

Schau mal in diese Höhle!
Die Wände sind bemalt.
Die Menschen schnitzen
sogar aus dem Elfenbein
der Stoßzähne Figuren.
Das hier sind die ersten
Kunstwerke, die jemals erschaffen
wurden. Das ist beeindruckend, oder?

Rätsel

Du bist in den Geschichten vielen Tieren begegnet. Manche haben ziemlich schwierige Namen. Erkennst du die Tiere und kannst ihre Namen vervollständigen?

Lösung: 1) Riesenwombat, 2) Basilosaurus, 3) Terrorvogel, 4) Smilodon, 5) Entelodon, 6) Dorudon, 7) Mensch, 8) Wollnashorn

Achtung Witz!

Max: Weißt du wie lange Krokodile leben?

Peter: Genauso wie Kurze!

Was sagt ein Krokodil, wenn es einen Clown gefessen hat? „Schmeckt irgendwie komisch"!

Wenn du das Bild fertig gezeichnet hast, male es bunt an.

Verbinde die Punkte.

WO SIND DIE GROSSEN TIERE?

Am Ende der Eiszeit wird die Welt wieder wärmer und das Eis taut. Dadurch verändern sich auch die Pflanzen. Viele Tiere waren an andere Nahrung gewöhnt. Der Mensch breitet sich auf der ganzen Welt aus und jagt die riesigen Tiere.

Paläozän Eozän Oligozän Miozän Pliozän Pleistozän Holozän Heute

Am Ende sterben die meisten der sehr großen Tiere aus. Nur in Afrika überleben einige, wie Elefanten und Nashörner.

Daher endet jetzt leider unsere schöne Reise. Tschau, mach's gut. Ich fliege jetzt nach Neuseeland zurück.

Bildnachweis

Illustrator: Franco Tempesta, Loreto (alle Tiere, falls nicht anders verzeichnet)
Wikipedia: 58 Dagmar Hollmann CC BY-SA 3.0; 59 Traumrune Public Domain; 54 u., 59 M. Museopedia, CC BY-SA 4.0; 60 M. l., 62 M. r. Nobu Tamura CC BY 3.0;
Shutterstock.com: 2, 56 (Hintergrund) Jag_cz; 3 (Hintergrund) sumroeng chinnapan; 3, 20, 44, 56 David Osborn; 4, 18, 50 William Edge; 4–5 (Hintergrund) Zane Vergara; 8, 25, 32, 62 Tory Kallman; 8–9 (Hintergrund) Lobachad; 13 Dotted Yeti; 16, 67 Alexander_P; 17 Leh; 18–19 (Hintergrund) Denis Belitsky; 19, 25, 33, 39, 45, 51, 62–63 (Karte) Porcupen; 19 Schatten Stockfootage Solutions; 22 shaima mamdouh elshamy; 24–25 (Hintergrund) Michele Rinaldi; 26–27 (Hintergrund) Lubo Ivanko; 26 o. l., 27 o. r. RachenStocker; 27 (Baum) Pranee Jirakitdachakun; 27 u. r. LivDeco; 30 Maquiladora; 31 o. r., M. l. Vectorbum; 31 M. r., 31 u. l. Denis Cristo; 32–33 (Hintergrund) Kiki Dohmeier; 36 o. l., 38 o. r. Anton Rodionov; 37, 60 u. r., 63 M. l. frantic00; 38–39 (Hintergrund) 7ynp100; 43 Klara Viskova; 44–45 (Hintergrund) imacoconut; 48-49 (Hintergrund) Wright Out There; 50–51 (Hintergrund) Ivanna Pavliuk; 56 u., 60 u. l., 63 o. l. aleks1949; 63 o. Nicolas Primola; 63 M. l. Warpaint;

Der Verlag hat sich bemüht, die Rechte sämtlicher verwendeter Abbildungen sowie auch Textzitate mit den jeweiligen Rechteinhabern zu klären. Sollten Rechteinhaber berechtigte und nachweisbare Ansprüche anmelden wollen, bittet der Verlag sie um Kontaktaufnahme.

Text: Babette Pribbenow
Illustrationen: Franco Tempesta, Loreto
Cover Layout: Udo Rehmann, Feldafing
Layout-Konzeption: Luca Caratozzolo, Berlin
Projektkoordination und -abwicklung: Editors Genie | Udo Rehmann, Feldafing
Druck und Bindung: Neografia, a.s., Martin-Priekopa
Printed in: Slovakia

© 2023 Sophie Verlag GmbH • Versailler Straße 10 • 81677 München

Alle Rechte vorbehalten. Das Werk darf ganz oder teilweise nur mit Genehmigung des Verlags wiedergegeben werden.

ISBN: 978-3-96808-021-5

Nachdruck	Druckjahr
5 4 3 2 1	2026 2025 2024 2023